Petit Om

Martine Kamoun

Petit Om

illustré par Agnès Caillou

SOC & FOC

ISBN : 978-2-912360-44-1

"Au soir de la vie, l'amour seul demeure."
Élisabeth.

Petit Om est heureux dans son jardin. Ce n'est pas un grand jardin, ça lui suffit bien.

Il y pousse un pommier et un poirier. En septembre il récolte des pommes croquantes, des poires fondantes et douces. Les plus beaux fruits, il les porte à un ami qui possède une échoppe au village. En échange, il reçoit du bois pour se chauffer en hiver.

Petit Om a aussi un cerisier. L'arbre est généreux. Au mois de mai, il lui donne de grosses cerises à la chair ferme et sucrée. Les moineaux, les mésanges, les enfants, les amis, tous se régalent. Petit Om fait des confitures qu'il troque avec la voisine contre des œufs.

Petit Om cultive un potager. Il a des carottes, des pommes de terre, des poireaux, des potirons, de quoi cuisiner des soupes consistantes, qu'il partage avec ses amis : une occasion de faire la fête, de danser et chanter au rythme du tambourin.

Il a aussi des moutons qui naissent à leur rythme et qui lui donnent de la laine.

Enfin, Petit Om a une vache, et il l'aime ! Chaque matin, elle lui offre son lait. C'est un rituel. Il vient avec son seau en bois. Elle tourne la tête, écarquille ses deux yeux ronds et tendres en signe de bienvenue puis le laisse traire.

Petit Om est heureux dans son jardin, ce n'est pas un grand jardin, ça lui suffit bien.

Mais un jour, un ogre fait irruption chez lui. Un ogre terrible, une ombre terrifiante ...

- Nourris-moi, hurle-t-il. Si tu refuses, je te dévore !

La voix est cruelle. Petit Om a peur et obéit. L'ogre vient chaque jour et exige tous les fruits, les légumes, le fromage, le lait et même l'agneau qui vient de naître. Le monstre n'en a jamais assez. Petit Om doit lui donner de plus en plus. Il utilise maintenant des engrais, accélère la multiplication des agneaux. Il chasse les oiseaux, les enfants, ses voisins, ses amis pour les protéger des griffes du monstre. Il n'a plus de temps à consacrer à ceux qu'il aime, plus de nourriture à partager.

Il engraisse ses animaux avec des aliments chimiques. Sa vache, quand il vient la traire le matin, ne le regarde plus. Elle est enflée. Elle souffre.

Petit Om doit produire sans répit. L'ogre exige de plus en plus.

Petit Om est trop malheureux pour continuer à vivre ainsi. Un matin, il refuse de nourrir le monstre et décide de le combattre. Petit Om est vaillant mais l'ogre est puissant.

- Tu as voulu me résister, ricane la voix, je ne te tuerai pas mais je vais me venger ! Donne-moi ta vache, que je la dévore !

- Jamais ! crie Petit Om avec courage.

Mais la vache a entendu. Elle aime tant son Petit Om qu'elle se donne d'elle-même à l'ogre.

De douleur, Petit Om tombe malade. L'ogre est habile. Il se retire pour lui laisser le temps de guérir et s'en va exiger la nourriture dans le voisinage. Les amis de Petit Om ont peur à leur tour. Ils se plient à la volonté du monstre qui n'en a jamais assez.

L'ogre ruse pour obtenir davantage. Il brime les uns, félicite les autres. Certains pensent pouvoir l'assouvir et deviennent serviles au point d'aller voler la nourriture chez leurs amis, leurs frères. La confiance disparaît. Avec elle, le partage.

Petit Om est désespéré.

- Je ne veux plus continuer à vivre pour voir mes bêtes, mon jardin, mes amis si malheureux, je préfère mourir.

Aussi, Petit Om abandonne toute activité et s'assoit sur la terre, sa mère. Il ferme les yeux et pleure. Pendant des semaines, il pleure. Il pleure le sacrifice de sa vache, la souffrance de la terre et de ses animaux. Il pleure la fin de l'amitié et de la solidarité.

Il pleure jusqu'au jour où ses larmes cessent.

Alors, en lui, juste le silence. Le silence qui l'écoute. Le silence qu'il écoute. De tout son cœur.

Et dans ce silence, il entend :

- Petit Om, as-tu jamais vu l'ogre ? Tu crois le voir, tu crois l'entendre, tu crois le sentir mais il n'existe pas !

Petit Om ressent tant d'amour dans cette voix qu'il accepte ce message.

La confiance renaît. Avec elle, la force.

Il décide de retrouver ses amis.

- L'ogre n'existe pas, croyez-moi ! Il n'existe pas ! Explique-t-il avec joie.

Mais les autres le traitent de fou et lui crient :

- Tais-toi ! Va-t-en, l'ogre va nous dévorer ! Le voici !

Ses pas font trembler la terre et son ombre approche. Tous se cachent sauf Petit Om.

- Nourris-moi, dépêche-toi !

Comme il ne reçoit pas de réponse, l'ogre entre dans une effroyable colère. Son ombre grossit, grossit jusqu'à envahir tout le ciel. Petit Om reste tranquille, confiant. L'ombre grossit encore pour mieux l'engloutir. Petit Om ne bouge pas. Alors, elle éclate et disparaît.

Quelle fête pour célébrer la paix retrouvée ! Petit Om et ses amis dansent et chantent au rythme du tambourin.

Petit Om est heureux dans son jardin. Ce n'est pas un grand jardin, mais ses amis sont restés. Un jardin plein d'amis, ça lui suffit bien !

On prétend toujours que d'autres ogres hantent d'autres lieux et d'autres temps, mais ils ne font plus peur à personne car depuis ce jour, Petit Om et ses amis répandent la nouvelle : les ogres, ça n'existe que si on y croit !

Cet ouvrage, tiré à 800 exemplaires numérotés,
a été achevé d'imprimer en mai 2007
sur les presses de l'imprimerie La Botellerie
à Vauchrétien (Maine-et-Loire)
pour le compte des Éditions SOC & FOC
3 rue des Vignes - La Bujaudière - 85700 La Meilleraie-Tillay

Dépôt légal à parution
N° d'éditeur : 91

Exemplaire n° 370

Contact SOC & FOC :
Tél - fax : 02 51 65 81 00 - Courriel : postmaster@soc-et-foc.com
http://www.soc-et-foc.com